AF199022

Impressum
Verlag: BABADADA GmbH, Nedderfeld 112 , 22529 Hamburg
Geschäftsführer / Verlagsleitung: Harald Hof
Druck: Books on Demand GmbH, In de Tarpen 42, 22848 Norderstedt

Imprint
Publisher: BABADADA GmbH, Nedderfeld 112 , 22529 Hamburg, Germany
Managing Director / Publishing direction: Harald Hof
Print: Books on Demand GmbH, In de Tarpen 42, 22848 Norderstedt

school
chikoro

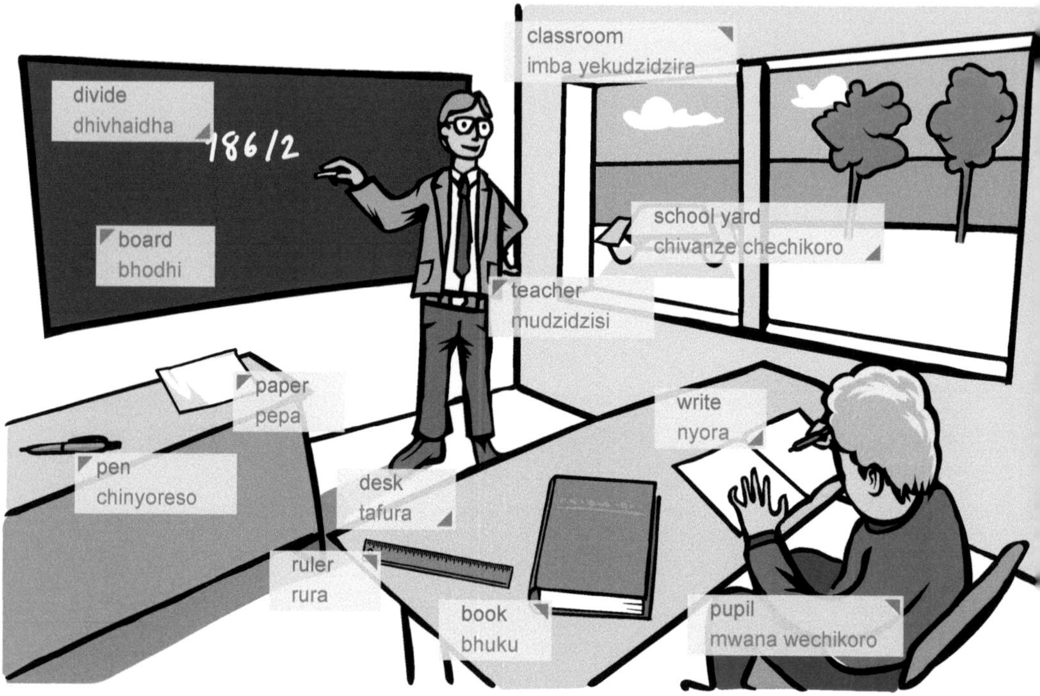

classroom
imba yekudzidzira
divide
dhivhaidha
186/2
board
bhodhi
school yard
chivanze chechikoro
teacher
mudzidzisi
paper
pepa
write
nyora
pen
chinyoreso
desk
tafura
ruler
rura
book
bhuku
pupil
mwana wechikoro

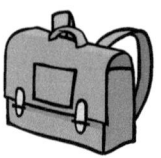

satchel

bhegi

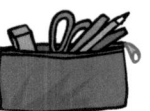

pencil case

chekuchengetera mapenzura

pencil

penzura

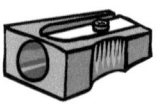

pencil sharpener

chekurodzesa mapenzura

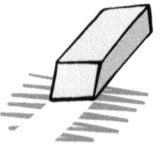

rubber

rabha

drawing pad

bhuku rekudhirowera mifananidzo

drawing

mufananidzo wakadhirowewa

paintbrush

bhurasho rekupendesa

paint box

bhokisi rependi

scissors

chigero

glue

guruu

exercise book

bhuku rekunyorera

homework

basa rinoitirwa kumba

number

nhamba

add

sanganisa

subtract

bvisa

multiply

wanziridza

calculate

kakureta

letter

bhii

alphabet

arufabheti

word

shoko

text
mashoko

read
kuverenga

chalk
choko

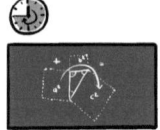

lesson
chidzidzo

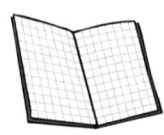

register
bhuku remazita

examination
bvunzo

certificate
setifiketi

school uniform
yunifomu yekuchikoro

education
dzidzo

encyclopedia
encyclopedia

university
yunivhesiti

microscope
maikorosikopu

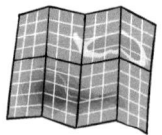

map
mepu

waste-paper basket
bhini remapepa

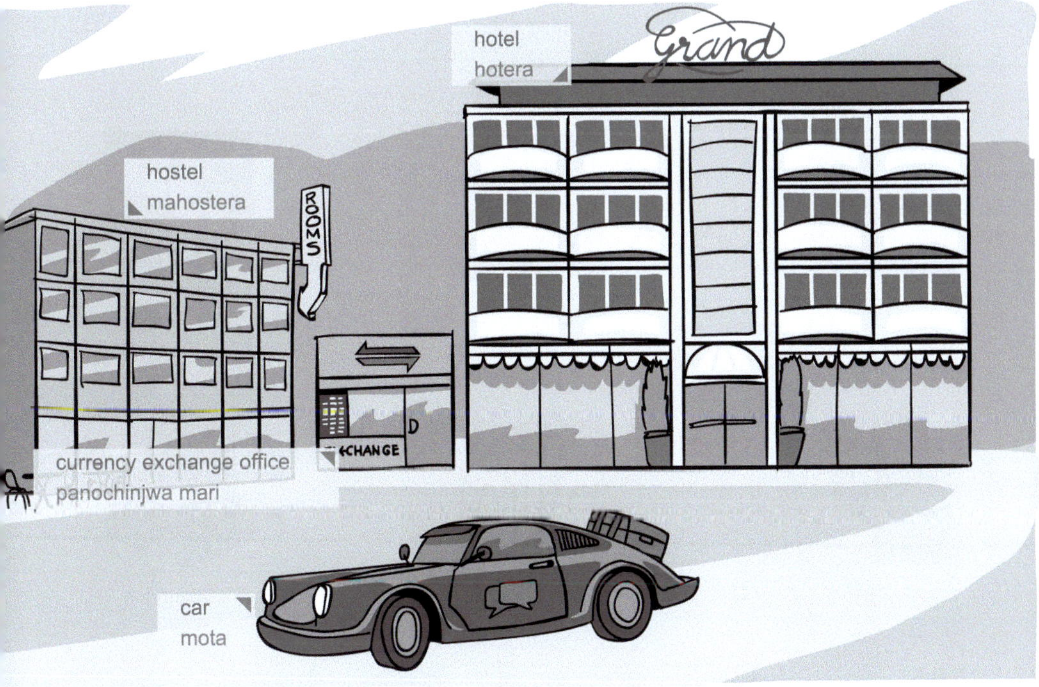

hotel
hotera
Grand
hostel
mahostera
ROOMS
EXCHANGE
currency exchange office
panochinjwa mari
car
mota

language
mutauro

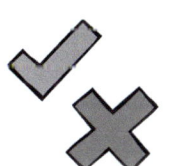

yes / no
hongu / kwete

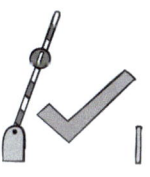

Okay
Zvakanaka

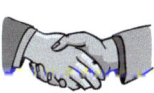

hello
hesi

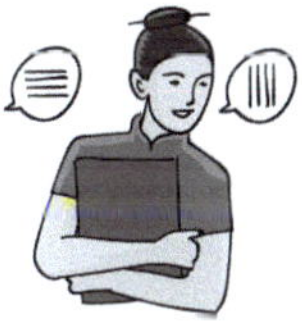

translator
mushanduri

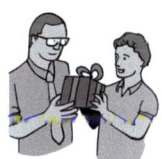

Thank you
Mazvita

how much is...?

Imarii... ?

I don´t get it

Handisi kunzwisisa

problem

dambudziko

Good evening!

Manheru!

Good morning!

Mangwanani!

Good night!

Murare zvakanaka

goodbye

toonana

direction

mafambiro

luggage

katundu

bag

bhegi

backpack

bhegi rekumusana

guest

muenzi

room

imba

sleeping bag

bhegi rekurarira

tent

tendi

tourist information

mashoko evafambi

beach

mahombekombe

credit card

kadhi rekubhengi

breakfast

kudya kwemangwanani

lunch

kudya kwemasikati

dinner

kudya kwemanheru

Ticket

tiketi

elevator

chikwidzo

stamp

chitambi

border

muganhu

customs

vanoona nezvekupinda munyika

embassy

vamiririri venyika

visa

vhiza

passport

pasipoti

transport
zvifambiso

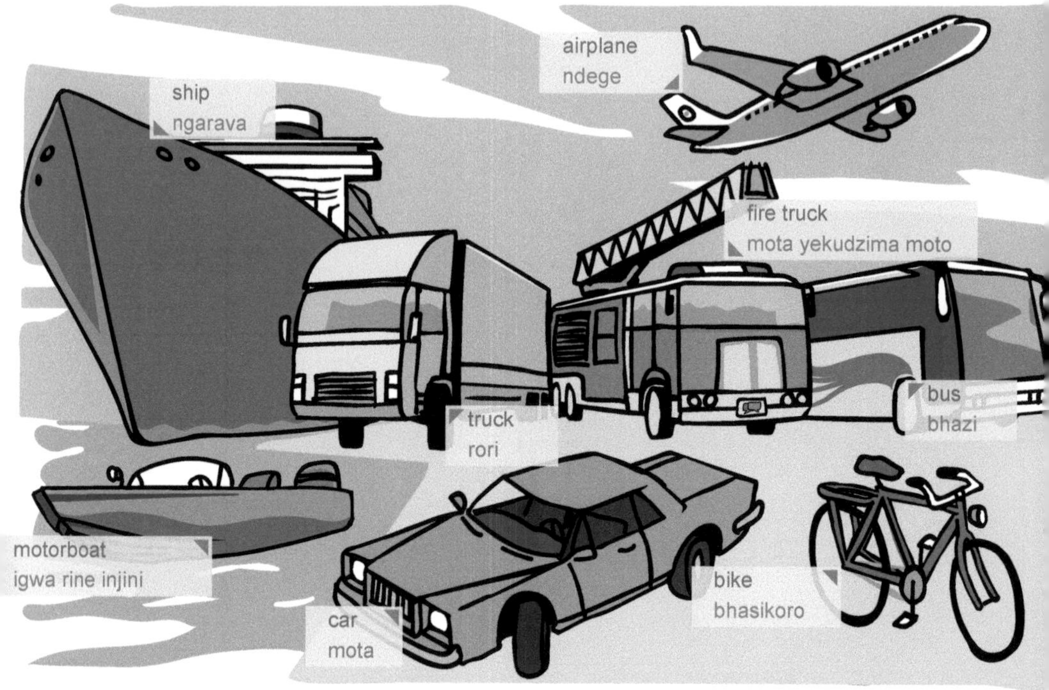

airplane
ndege
ship
ngarava
fire truck
mota yekudzima moto
truck
rori
bus
bhazi
motorboat
igwa rine injini
bike
bhasikoro
car
mota

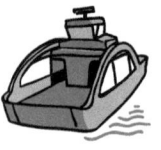

ferry

igwa

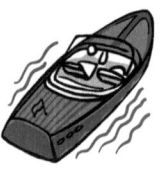

boat

igwa

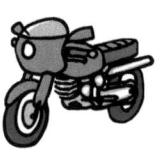

motorbike

mudhudhudhu

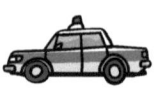

police car

mota yemapurisa

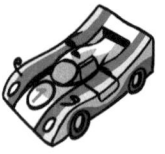

racing car

mota yemujaho

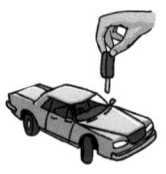

rental car

mota yekuhaya

car sharing

kuhaya mota

tow truck

mota inodhonza dzinenge dzafa

garbage truck

mota yemabhini

engine

injini

fuel

mafuta

fuel station

garaji remafuta

traffic sign

chikwangwani chemumugwagwa

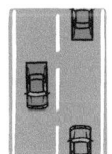

traffic

mota

traffic jam

mota dzakawandisa

parking lot

panopakwa mota

train station

chiteshi chezvitima

tracks

njanji

train

chitima

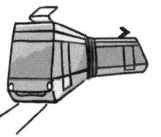

tram

tram

wagon

chitima

helicopter

chikopokopo

airport

nhandare yendege

tower

nharire

passenger

mufambi

container

chikondena

carton

kadhibhodhi bhokisi

cart

ngoro

basket

bhasiketi

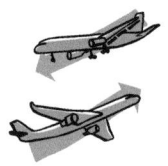

take off / land

simuka / mhara

city

guta

village

musha

city center

pakati peguta

house

imba

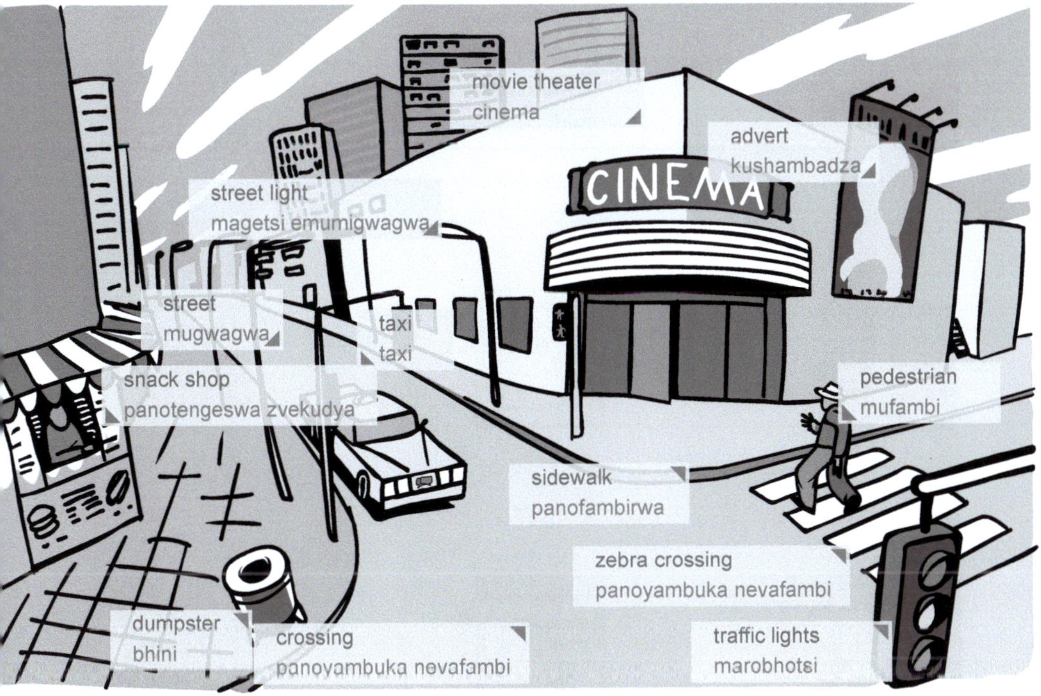

movie theater
cinema

advert
kushambadza

street light
magetsi emumigwagwa

street
mugwagwa

taxi
taxi

snack shop
panotengeswa zvekudya

pedestrian
mufambi

sidewalk
panofambirwa

zebra crossing
panoyambuka nevafambi

dumpster
bhini

crossing
panoyambuka nevafambi

traffic lights
marobhotsi

CINEMA

hut

imba

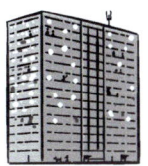

apartment

mafurati

train station

chiteshi chezvitima

city hall

imba yeguta

museum

muziyamu

school

chikoro

city - guta

university

yunivhesiti

bank

bhengi

hospital

chipatara

hotel

hotera

pharmacy

panotengeswa mishonga

office

hofisi

book shop

chitoro chemabhuku

shop

chitoro

flower shop

panotengeswa maruva

supermarket

supamaketi

market

musika

department store

chitoro chine
madhipatimendi

fishmonger's shop

panotengeswa hove

mall

nzimbo ine zvitoro

harbor

chiteshi chengarava

park
paki

bench
bhenji

bridge
bhiriji

stairs
masitepisi

subway
nzira inoenda nepasi

tunnel
mugwagwa wepasi

bus stop
panokwirirwa mabhazi

bar
bhawa

restaurant
resitorendi

postbox
bhokisi retsamba

street sign
chikwangwani
chemugwagwa

parking meter
mita yekupaka

zoo
munochengeterwa mhuka

swimming pool
kunotuhwinirwa

mosque
mosque

farm
purazi

pollution
kusvibisa

cemetery
kumakuva

church
chechi

playground
pekutambira

temple
temberi

landscape

mamiriro akaita nzvimbo

signpost
chikwangwani

path
nzira

meadow
mafuro

stone
dombo

hiker
mufambi

tree
muti

river
rwizi

grass
uswa

flower
ruva

valley

mupata

hill

gomo

lake

dhamu

forest

sango

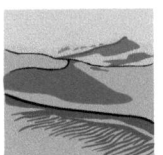

desert

gwenga

volcano

chikwatamabwe

castle

zimba

rainbow

muraraungu

mushroom

hohwa

palm tree

muchindwe

mosquito

umhutu

fly

nhunzi

ant

svosve

bee

nyuchi

spider

buve

beetle

chipembenene

frog

datya

squirrel

tsindi

hedgehog

nungu

hare

tsuro

owl

zizi

bird

shiri

swan

swan

boar

nguruve yemusango

deer

nondo

moose

moose

dam

dhamu

wind turbine

injini yemhepo

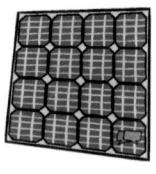

solar panel

panero rezuva

climate

mamiriro ekunze

restaurant

resitorendi

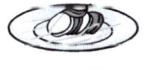

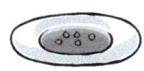

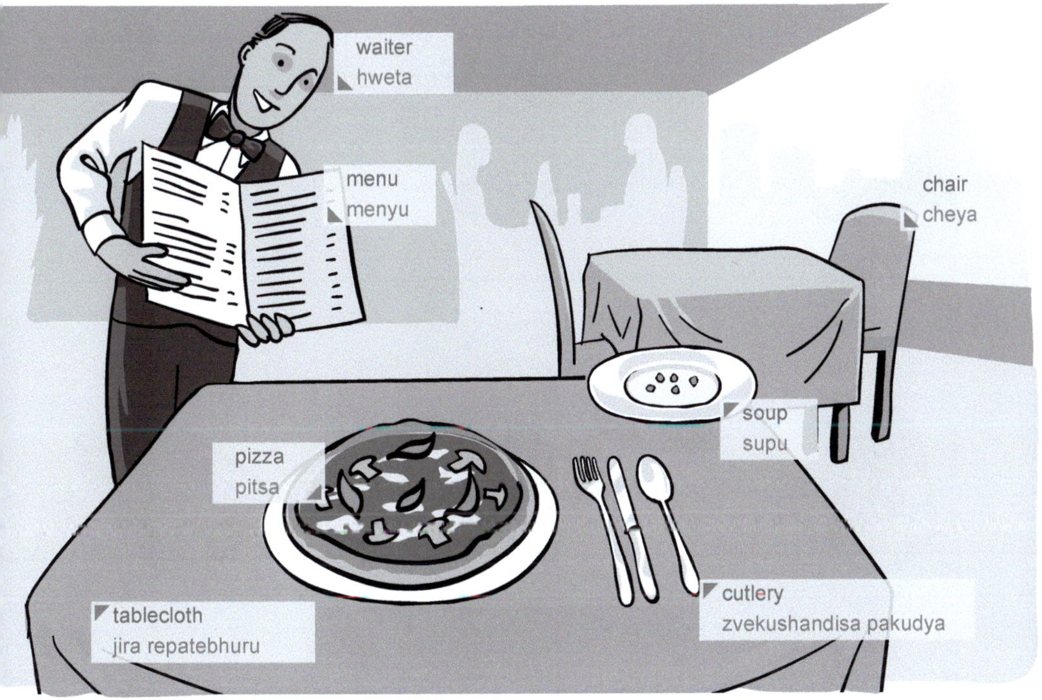

waiter
hweta
menu
menyu
chair
cheya
soup
supu
pizza
pitsa
tablecloth
jira repatebhuru
cutlery
zvekushandisa pakudya

starter

zvekusosa nzara

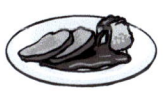

main course

zvekudya

dessert

zvekuseredzera

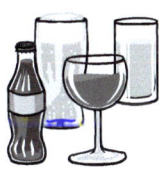

drinks

zvekunwa

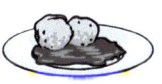

food

zvekudya

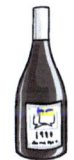

bottle

bhodhoro

fast food

zvekudya zvisingatori nguva
kubika

street food

chikafu chinotengeswa
munzira

teapot

tipoti

sugar bowl

gabha reshuga

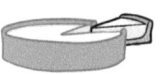

portion

chidimbu

espresso machine

muchina wekofi

high chair

cheya yemwana

bill

bhiri

tray

tureyi

knife

banga

fork

forogo

spoon

chipunu

teaspoon

chipunu

serviette

zvekupukutisa muromo

glass

girazi

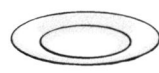

plate

ndiro

soup plate

ndiro yesupu

saucer

ndiro

sauce

supu

salt shaker

chekuisira sauti

pepper mill

chekugaya mhiripiri

vinegar

vhiniga

oil

mafuta

spices

masipaisi

ketchup

ketchup

mustard

mustard

mayonnaise

mayonaizi

supermarket

supamaketi

special offer
zvaderedzwa mitengo
FOR
customer
mutengi
dairy products
zvinogadzirwa nemukaka
fruit
michero
shopping cart
chingoro

BUTCHERS

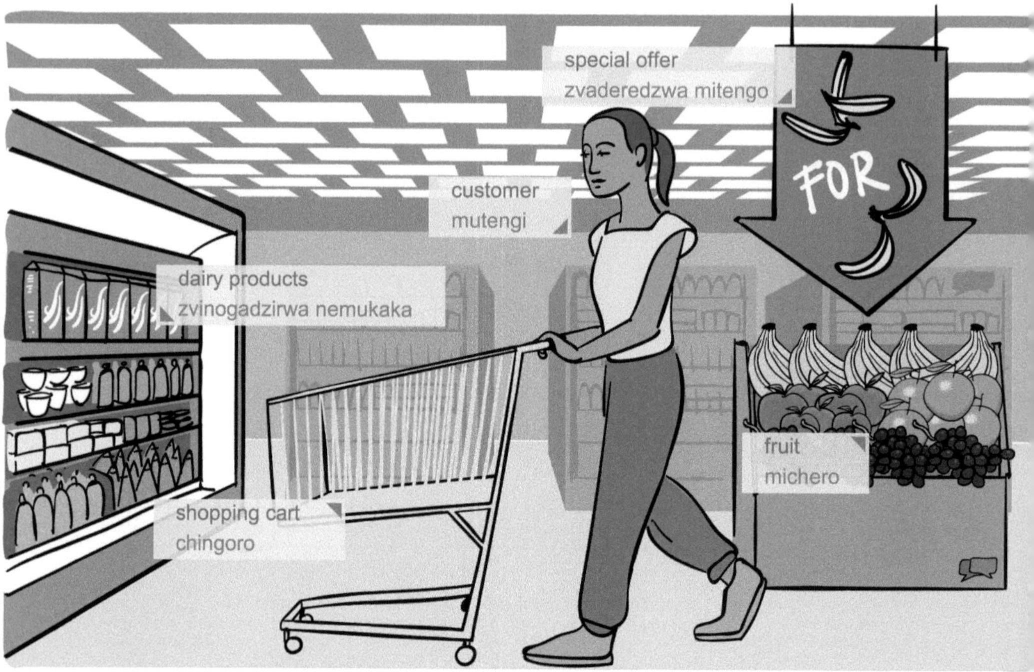

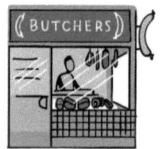

butcher's shop

panotengeswa nyama

BAKERY

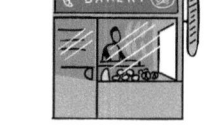

bakery

panotengeswa chingwa

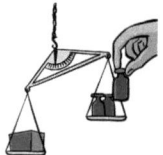

weigh

kuyera

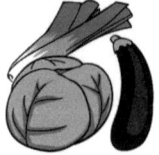

vegetables

miriwo

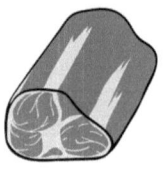

meat

nyama

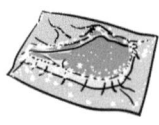

frozen food

zvekudya zvakaoma nechando

cold cuts
nyama yakatonhora

canned food
zvekudya zvemugaba

detergent
sipo yeupfu yekuwachisa

candy
masuwiti

household products
zvekushandisa mumba

cleaning products
zvekuchenesa nazvo

sales representative
mutengesi

cash register
tiru

cashier
mutengesi

shopping list
zviri kuda kutengwa

opening hours
nguva dzekuvhura

wallet
chikwama

credit card
kadhi rekubhengi

bag
bhegi

plastic bag
pepa rekuisira

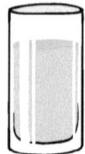

water

mvura

juice

muto wemichero

milk

mukaka

coke

coke

wine

waini

beer

doro

alcohol

doro

cocoa

cocoa

tea

tii

coffee

kofi

espresso

kofi

cappuccino

cappuccino

banana

bhanana

apple

apuro

orange

orenji

melon

nwiwa

lemon

ndimu

carrot

karotsi

garlic

gariki

bamboo

mushenjere

onion

hanyanisi

mushroom

hohwa

nuts

nzungu

noodles

manoodle

spaghetti

spaghetti

rice

mupunga

salad

saradhi

fries

machipisi

fried potatoes

mbatatisi dzakafuraiwa

pizza

pitsa

hamburger

chingwa chakaruma nyama

sandwich

sangweji

escalope

nhindi

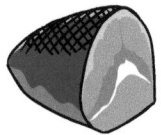

ham

ham

salami

salami

sausage

soseji

chicken

huku

roast

gochwa

fish

hove

porridge oats

bota reoats

muesli

muesli

cornflakes

macornflake

flour

furawa

croissant

croissant

bread roll

chingwa

bread

chingwa

toast

chingwa chakagochwa

cookies

mabhisikiti

butter

bhata

curd

ige

cake

keke

egg

zaɪ

fried egg

zaɪ rakaturaɪwa

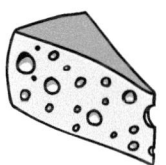

cheese

chɪzɪ

ice cream

aizikirimu

sugar

shuga

honey

huchi

jelly

jemu

nougat cream

chocolate yekuzora

curry

curry

farm
purazi

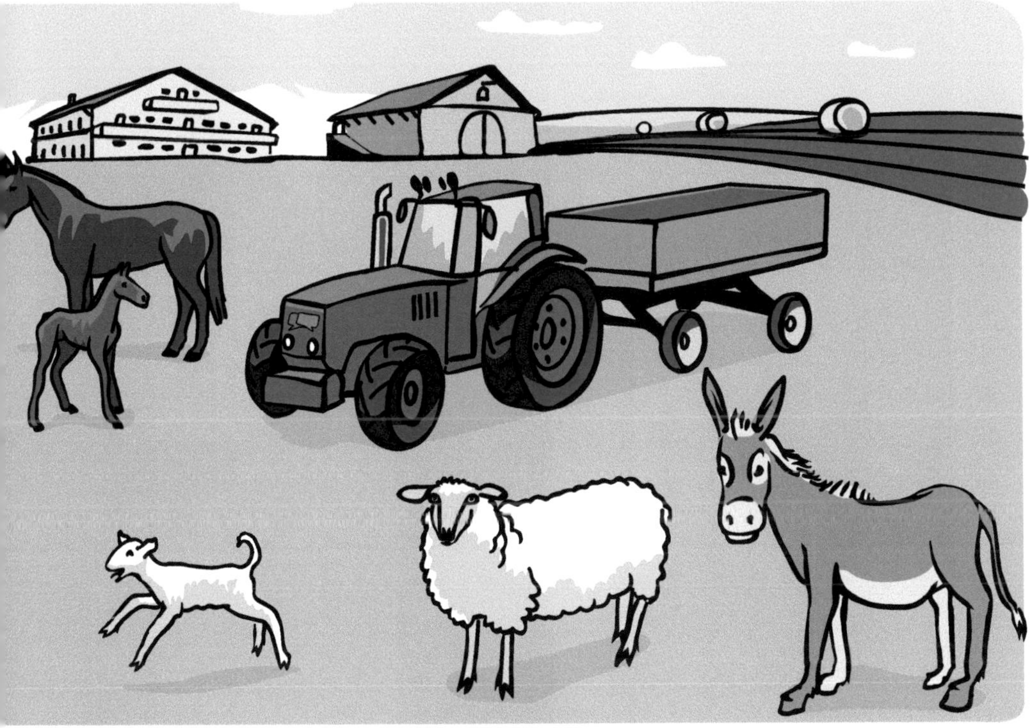

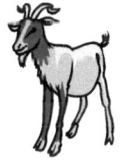

goat

mbudzi

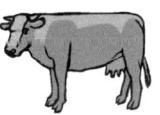

cow

mhou

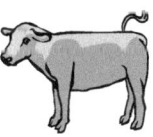

calf

mhuru

pig

nguruve

piglet

chigwi

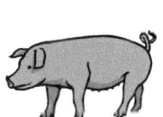

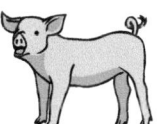

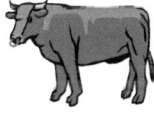

bull

bhuru

goose

dhadha

duck

dhakisi

chick

nhiyo

hen

tseketsa

cockerel

jongwe

rat

gonzo

cat

katsi

mouse

mbeva

ox

dhonza

dog

imbwa

dog house

imba yembwa

garden hose

pombi yemvura

watering can

keni yekudiridzisa

scythe

jeko

plow

gejo

sickle
jeko

hoe
badza

pitchfork
forogo

axe
demo

pushcart
bhara

trough
chidyiro

milk can
bhodhoro remukaka

sack
saga

fence
fenzi

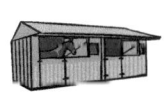

stable
danga

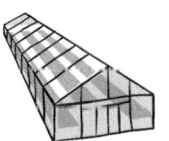

greenhouse
greenhouse

soil
ivhu

seed
mheu

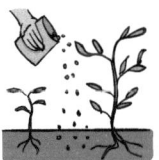

fertilizer
fetereza

combine harvester
mota yekukohwesa

harvest

kukohwa

harvest

gohwo

yams

mbatatisi

wheat

gorosi

soya

soya

potato

mbatatisi

corn

chibage

rapeseed

rapeseed

fruit tree

muti wemichero

manioc

mufarinya

grain

mbesa

house

imba

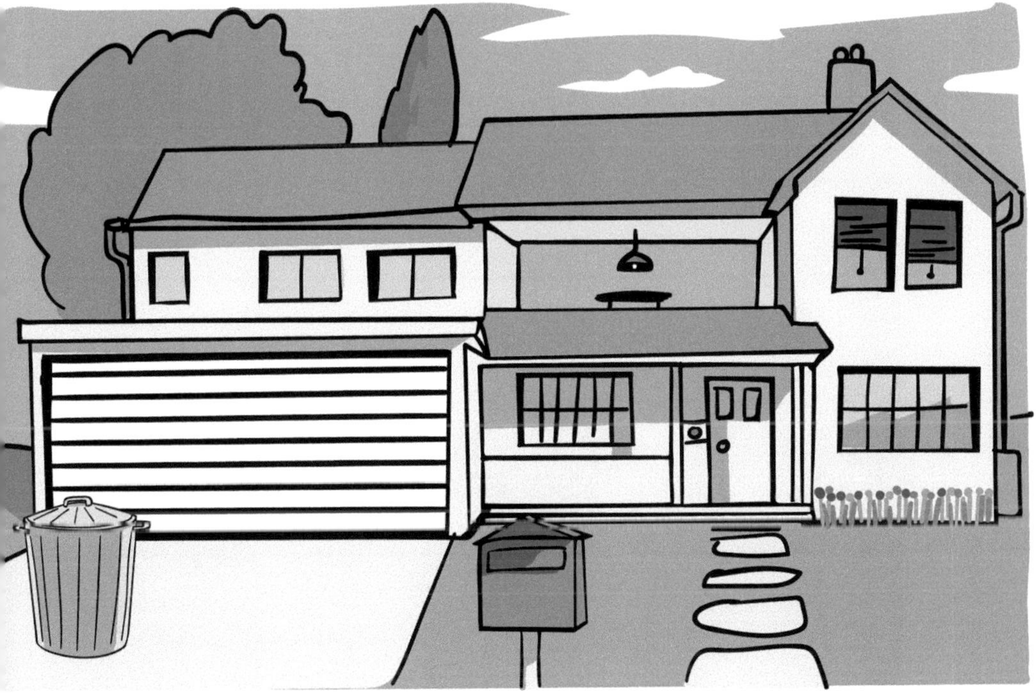

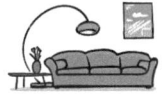

living room

imba yekutandarira

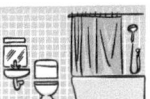

bathroom

mekugezera

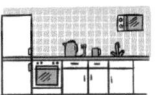

kitchen

kicheni

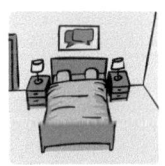

bodroom

imba yekurara

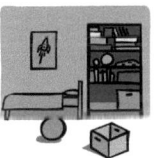

kido room

imba yemwana

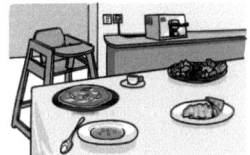

dining room

imba yekudyira

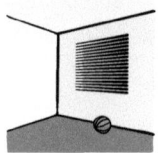

floor

uriri

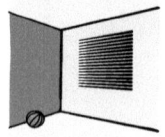

wall

madziro

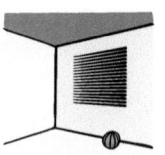

ceiling

denga

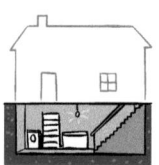

cellar

imba yepasi

sauna

sauna

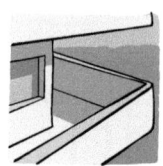

balcony

vharanda repadenga

terrace

uriri hwepadenga

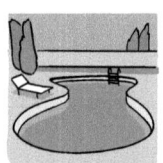

pool

dziva rekushambira

lawn mower

muchina wekuchekesa uswa

sheet

jira

bedspread

chekufukidza mubhedha

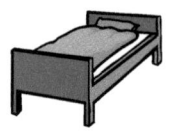

bed

mubhedha

broom

bhurumu

bucket

bhaketi

switch

suwichi

living room
imba yekutandarira

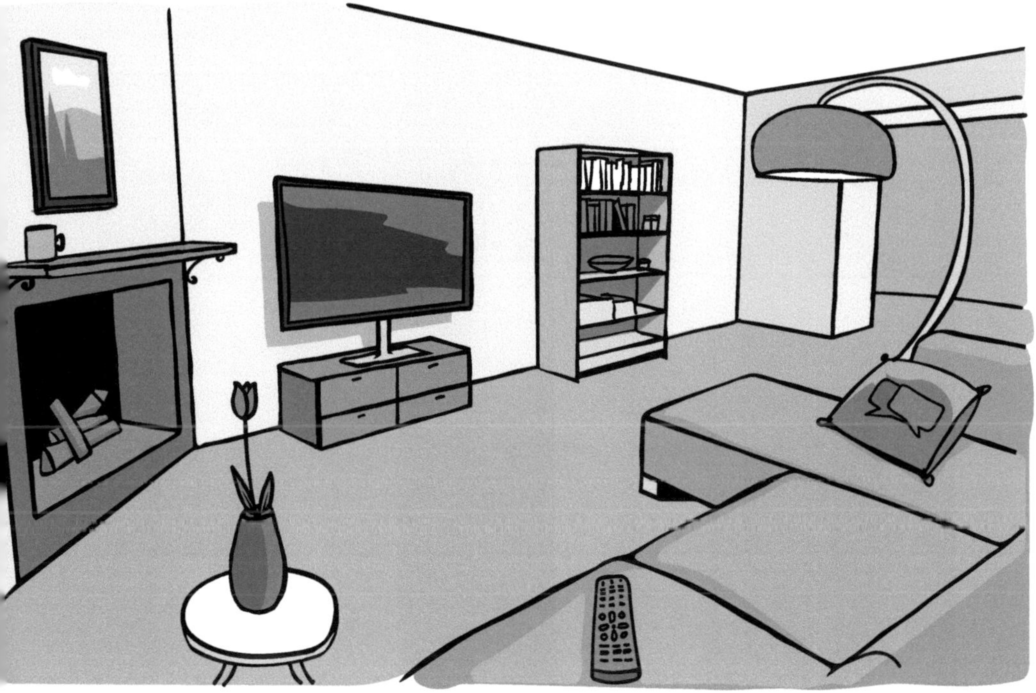

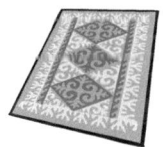

carpet

kapeti

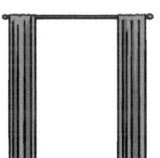

drape

keteni

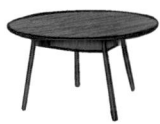

table

tebhuru

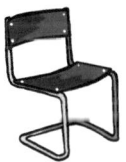

chair

cheya

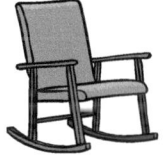

rocking chair

cheya inozeya

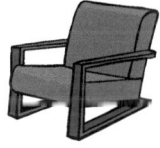

armchair

cheya ine pekuisa maoko

book
bhuku

blanket
gumbeze

decoration
marongedzero

firewood
huni

film
firimu

stereo system
redhiyo yehi-fi

key
kii

newspaper
pepanhau

painting
mufananidzo

poster
posita

radio
redhiyo

notebook
pekunyorera

vacuum cleaner
muchina wekuhuvhisa

cactus
chinanazi

candle
kenduru

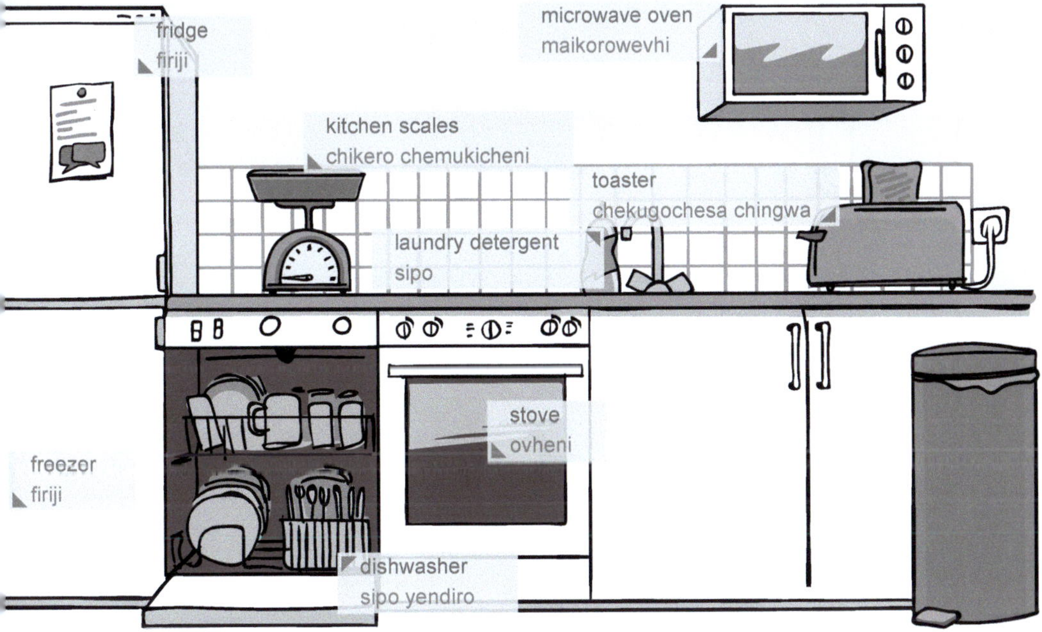

fridge
firiji

microwave oven
maikorowevhi

kitchen scales
chikero chemukicheni

toaster
chekugochesa chingwa

laundry detergent
sipo

freezor
firiji

stove
ovheni

dishwasher
sipo yendiro

cooker

chitofu

pot

poto

cast-iron pot

poto yesimbi

wok / kadai

wok / kadai

pan

pani

kettle

ketero

steamer

chekubikisa neutsi
hwemvura

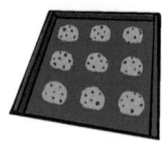

baking tray

turei yekubhekesa

crockery

ndiro

mug

kapu

bowl

dishi

chopsticks

tumiti twekudyisa

ladle

chipunu

spatula

chipunu

whisk

chekusanganisisa

strainer

chekukunisa

sieve

chekukunisa

grater

chekugiretesa

mortar

duri

barbecue

chiwaya

fireplace

moto

chopping board

chekuchekera

rolling pin

chekutsimbiririsa mukanyiwa

corkscrew

chekuvhurisa mabhodhoro ewaini

can

tini

can opener

chekuvhurisa tini

oven cloth

girovhosi rekubatisa zvinopisa

sink

singi

brush

bhurasho

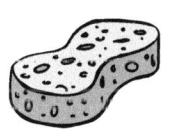

sponge

chipanji

blender

chinosanganisa

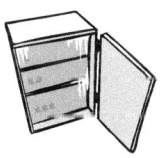

deep freezer

firiji

baby bottle

bhodhoro remwana

tap

pombi

bathroom

mekugezera

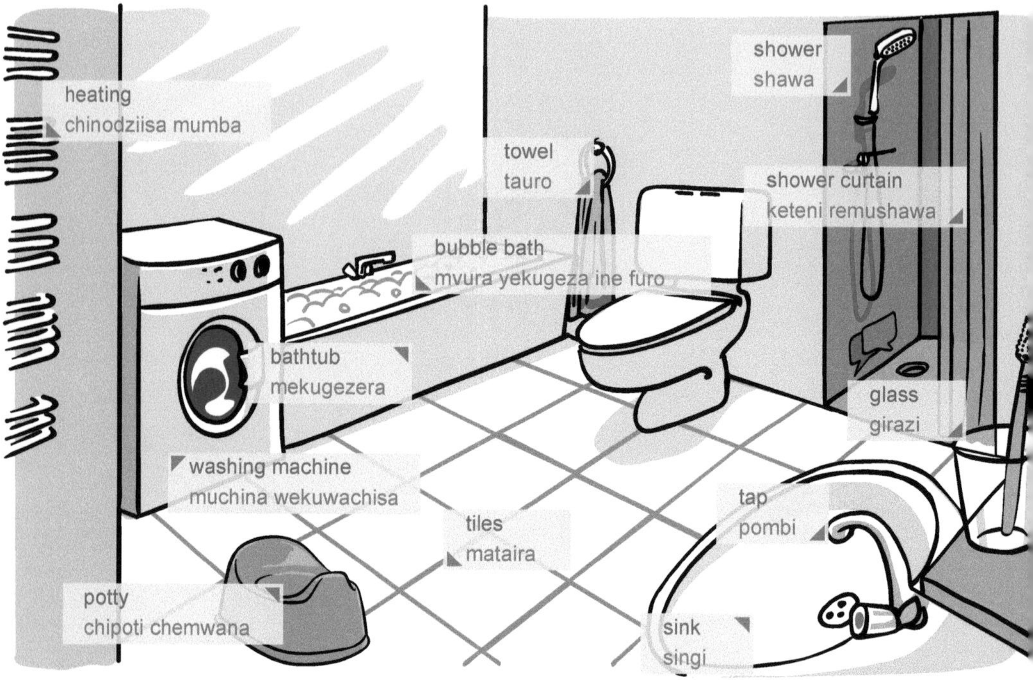

heating
chinodziisa mumba
towel
tauro
shower
shawa
shower curtain
keteni remushawa
bubble bath
mvura yekugeza ine furo
bathtub
mekugezera
washing machine
muchina wekuwachisa
tiles
mataira
glass
girazi
tap
pombi
potty
chipoti chemwana
sink
singi

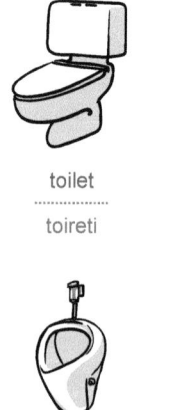

toilet

toireti

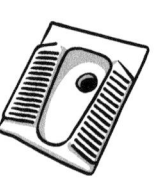

squat toilet

toireti yegomba

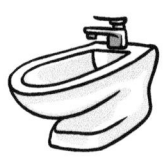

bidet

chemba

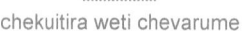

urinal

chekuitira weti chevarume

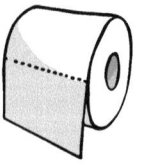

toilet paper

pepa remutoireti

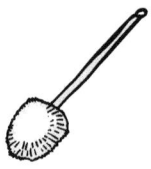

toilet brush

bhurasho remutoireti

toothbrush

bhurasho remazino

toothpaste

mushonga wemazino

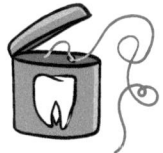

dental floss

tambo yekugezesa mazino

wash

kugeza

hand shower

shawa yekuita zvekubata

douche

douche

basin

bheseni

back brush

bhurasho remusoro

soap

sipo

shower gel

sipo yekugezesa mushawa

shampoo

shambuu

flannel

chekugezesa

drain

dhireni

creme

mafuta

deodorant

chinonhuwirira

mirror

girazi

hand mirror

girazi remumaoko

razor

chekugeresa ndebvu

shaving foam

furo rekugeresa ndebvu

aftershave

mafuta ekuzora wagera
ndebvu

comb

kamu

brush

bhurasho

hair-dryer

chekuomesa bvudzi

hairspray

mushonga wekupfapfaidza
musoro

makeup

zvekupodesa

lipstick

chekupendesa muromo

nail varnish

chekupendesa nzara

cotton wool

donje

nail scissors

chigero chenzara

perfume

pefiyumu

washbag

bhegi rezvekugezesa

stool

chituro

weighing scales

chikero

bathrobe

bathrobe

rubber gloves

magirovhosi erabha

tampon

tampon

sanitary towel

pedhi

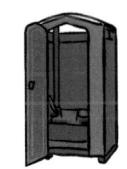

chemical toilet

toireti inotakurwa

kids room
imba yemwana

alarm clock
wachi
cuddly toy
chitoyi chekurara nacho
toy car
mota yekutambisa
rattle
hosho
doll's house
kamba kezvidhori
present
chipo

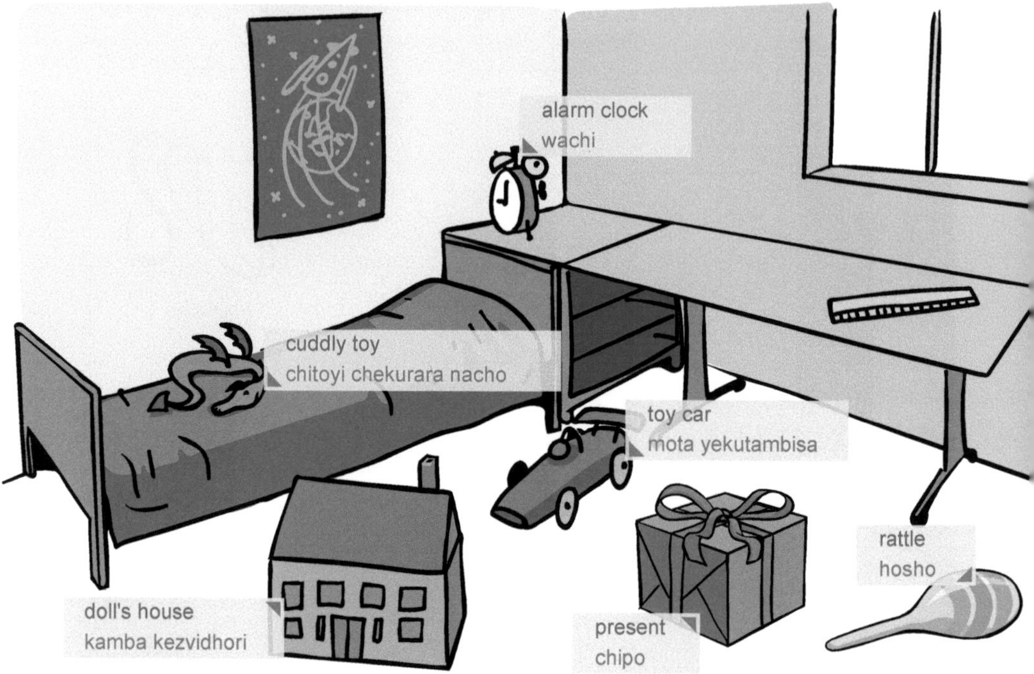

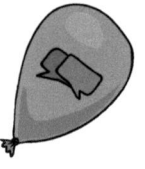

balloon

chibharuma

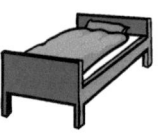

bed

mubhedha

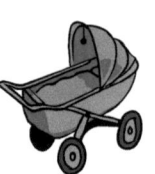

stroller

purema

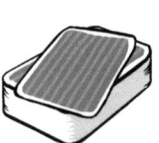

deck of cards

makadhi ekutamba

jigsaw

puzzle

SUPER MEGA

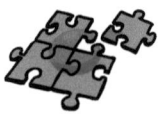

comic

makatuni ekuverenga

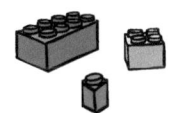

lego bricks

zvekuvakisa zvinhu

toy blocks

mabhuroko ekuvakisa

action figure

chidhori

romper suit

babygrow

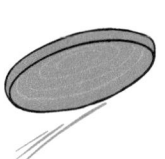

frisbee

chekutambisa uchikanda

mobile

zvekuvaraidza mwana

board game

gemu rinotambirwa
pabhodhi

dice

dhaisi

model train set

zvitima zvekutambisa

pacifier

chidhami

party

mabiko

picture book

bhuku remapikicha

ball

bhora

doll

chidhori

play

kutamba

sandpit

majecha ekutambira

swing

muzeerere

toys

zvekutambisa

video game console

chekutambisa magemu emavhidhiyo

tricycle

kabhasikoro kemavhiri matatu

teddy bear

teddy bear

wardrobe

wadhiropu

clothing
zvipfeko

socks

masokisi

stockings

masokisi

tights

matirauzi anobata muviri

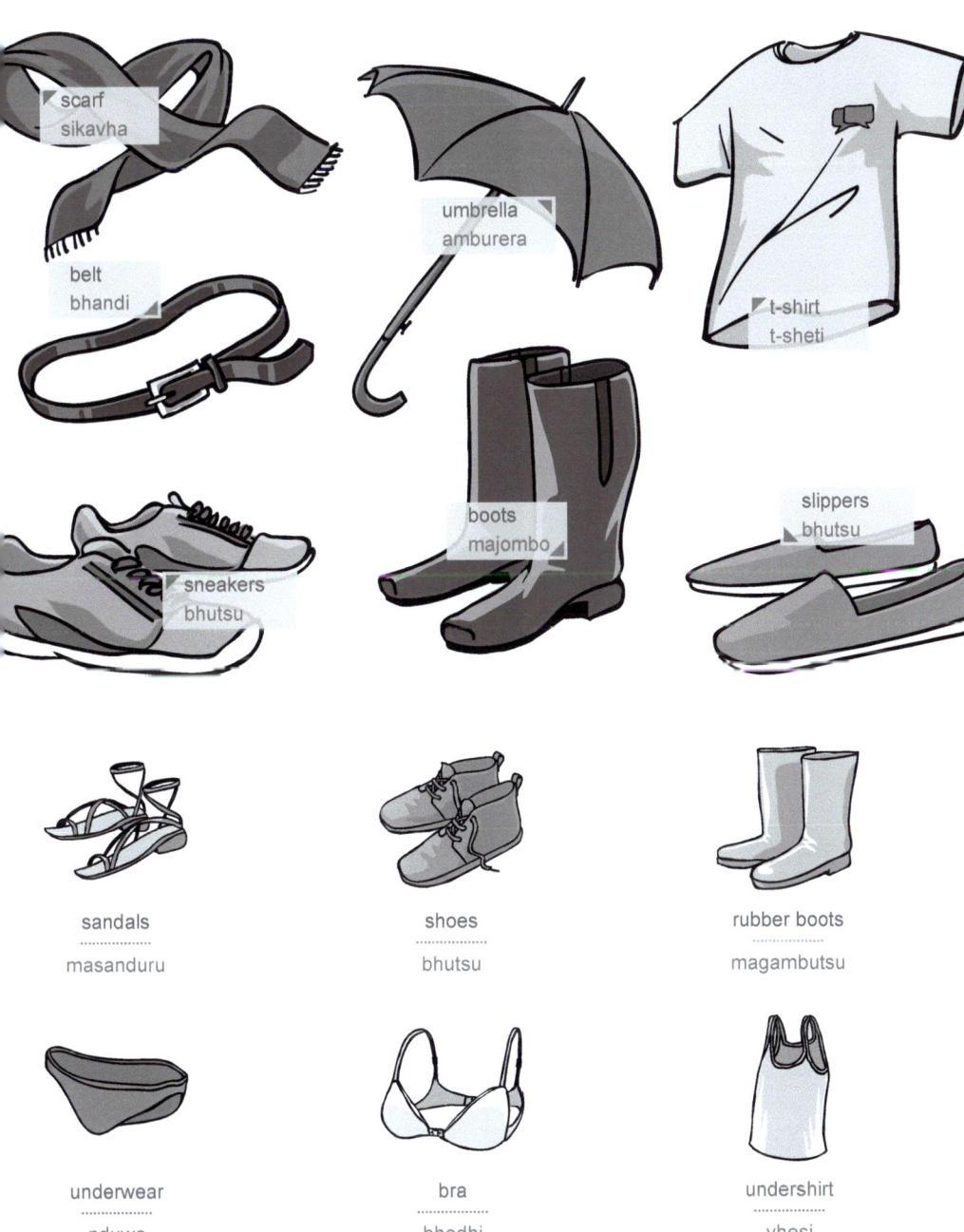

scarf
sikavha

belt
bhandi

umbrella
amburera

t-shirt
t-sheti

boots
majombo

slippers
bhutsu

sneakers
bhutsu

sandals	shoes	rubber boots
masanduru	bhutsu	magambutsu

underwear	bra	undershirt
nduwe	bhodhi	vhesi

body

muviri

pants

tirauzi

jeans

jini

skirt

siketi

blouse

bhurauzi

shirt

hembe

pullover

bhachi

sweater

chibhachi

blazer

bhachi

jacket

bhachi

coat

jasi

raincoat

renikoti

costume

koshitomu

dress

dhirezi

wedding dress

dhirezi remuchato

suit

sutu

nightgown

hembe yekurarisa

pajamas

mapijama

sari

chari

headscarf

headscarf

turban

heti

burka

burqa

kaftan

kaftan

abaya

abaya

swimsuit

hembe yekutuhwinisa

trunks

chikabudura

shorts

chikabudura

tracksuit

tirekisutu

apron

apuroni

gloves

magirovhosi

button

bhatani

glasses

magirazi

bracelet

bhenguru

necklace

chuma

ring

rin'i

earring

mhete

cap

kepisi

coat hanger

hen'a

hat

heti

tie

tai

zip

zipi

helmet

herumeti

braces

mabhandi

school uniform

yunifomu yekuchikoro

uniform

yunifomu

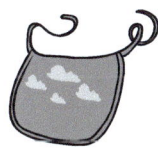

bib

chibhibhi

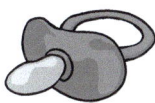

pacifier

chidhami

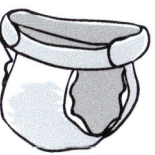

diaper

napukeni

office
hofisi

server
server
filing cabinet
kabhineti
printer
muchina wokuprindica
monitor
sikirini
paper
pepa
mouse
mouse
desk
tafura
folder
fayera
keyboard
keyboard
chair
cheya
waste-paper basket
bhini remapepa
computer
kombiyuta

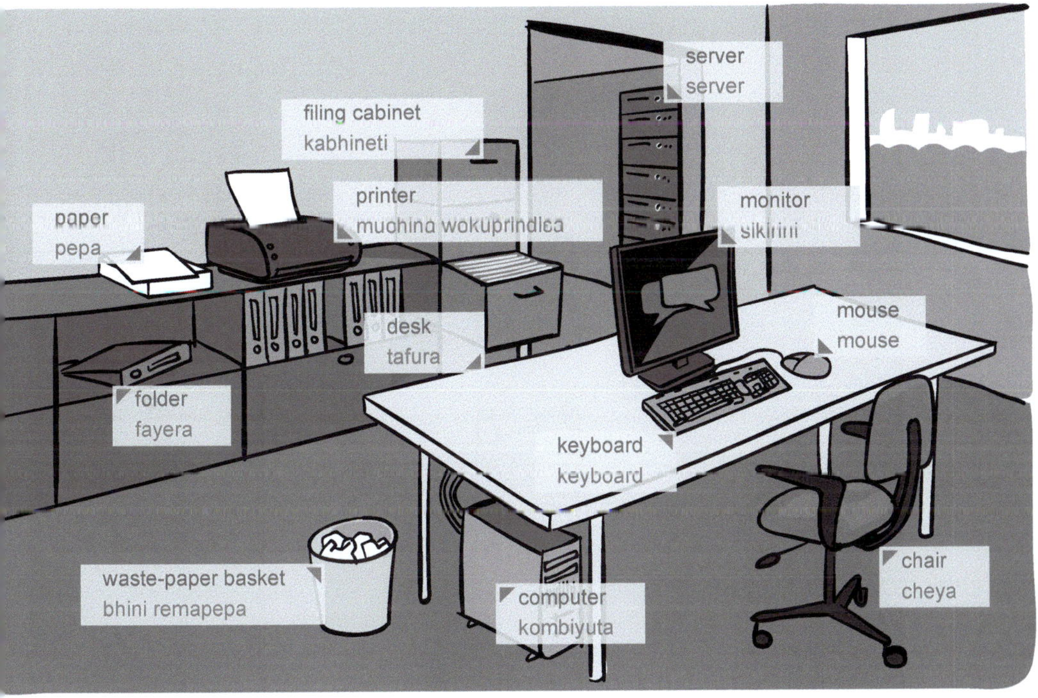

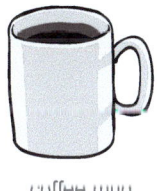

coffee mug

kapu yekofi

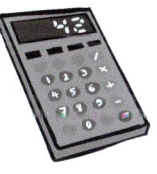

calculator

kakureta

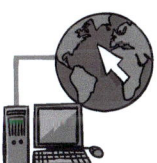

internet

indaneti

laptop

laptop

letter

tsamba

message

tsamba

cell phone

serura

network

network

photocopier

muchina wekufotokopesa

software

software

telephone

foni

plug socket

pekupfekera magetsi

fax machine

muchina wefax

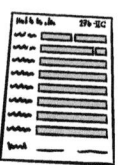

form

fomu

document

gwaro

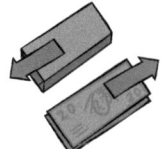

buy

kutenga

pay

kubhadhara

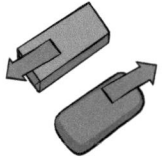

trade

kutengesa

money

mari

dollar

Dhora

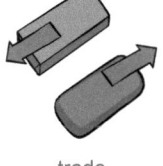 

euro

Euro

yen

Yen

rouble

rouble

Swiss franc

Swiss franc

renminbi yuan

renminbi yuan

rupee

rupee

cash point

panobhadharwa

currency exchange office

panochinjwa mari

gold

goridhe

silver

sirivha

oil

mafuta

energy

magetsi

price

mutengo

contract

chibvumirano

tax

mutero

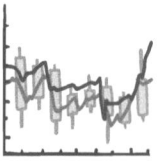

stock

masitoku

work

kushanda

employee

mushandi

employer

mushandirwi

factory

fekitari

shop

chitoro

occupations
mabasa

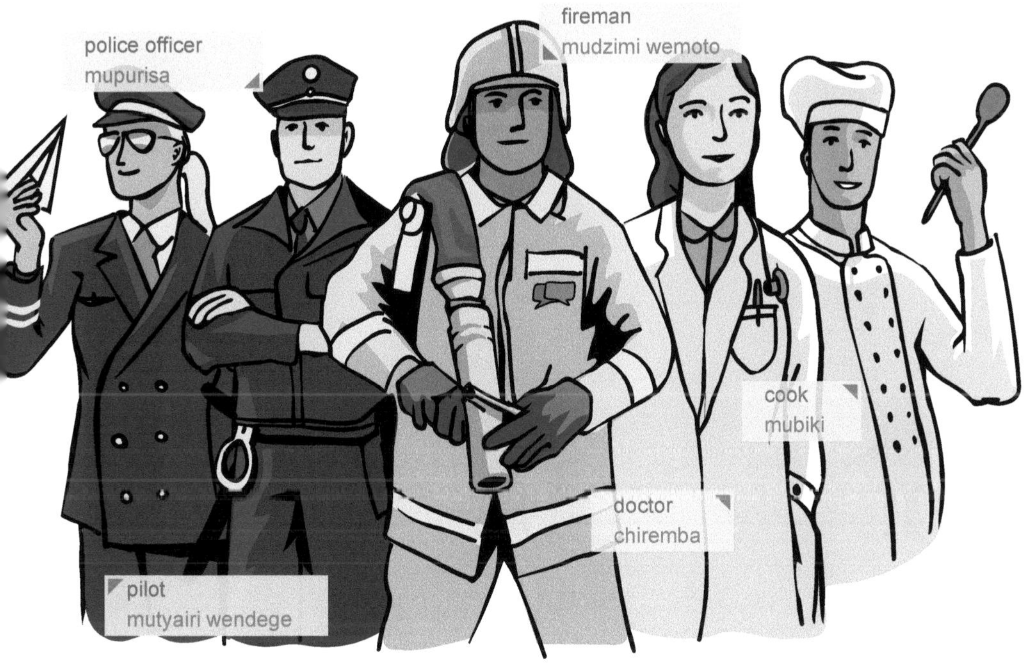

police officer
mupurisa
fireman
mudzimi wemoto
cook
mubiki
doctor
chiremba
pilot
mutyairi wendege

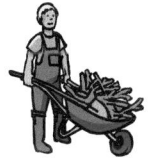

gardener
mushandi wemugadheni

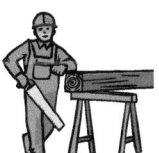

carpenter
muvezi

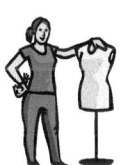

seamstress
mukadzi anosona

judge
mutongi

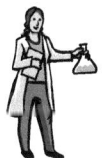

chemist
anoita zvemishonga

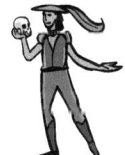

actor
ekita

bus driver

mutyairi webhazi

taxi driver

mutyairi wetaxi

fisherman

muredzi

cleaning lady

mudzimai anochenesa

roofer

anogadzira denga

waiter

hweta

hunter

muvhimi

painter

anopenda

baker

mubiki wechingwa

electrician

mugadziri wemagetsi

builder

muvaki

engineer

injiniya

butcher

mushandi wemubhucha

plumber

puramba

postman

positimeni

soldier

musoja

architect

anoita mapurani edzimba

cashier

mutengesi

florist

mugadziri wemaruva

hairdresser

mugadziri wemusoro

conductor

kondakita

mechanic

makanika

captain

kaputeni

dentist

chiremba wemazino

scientist

musayindisti

rabbi

rabbi

imam

imam

monk

mumonk

pastor

mufundisi

tools

maturusi

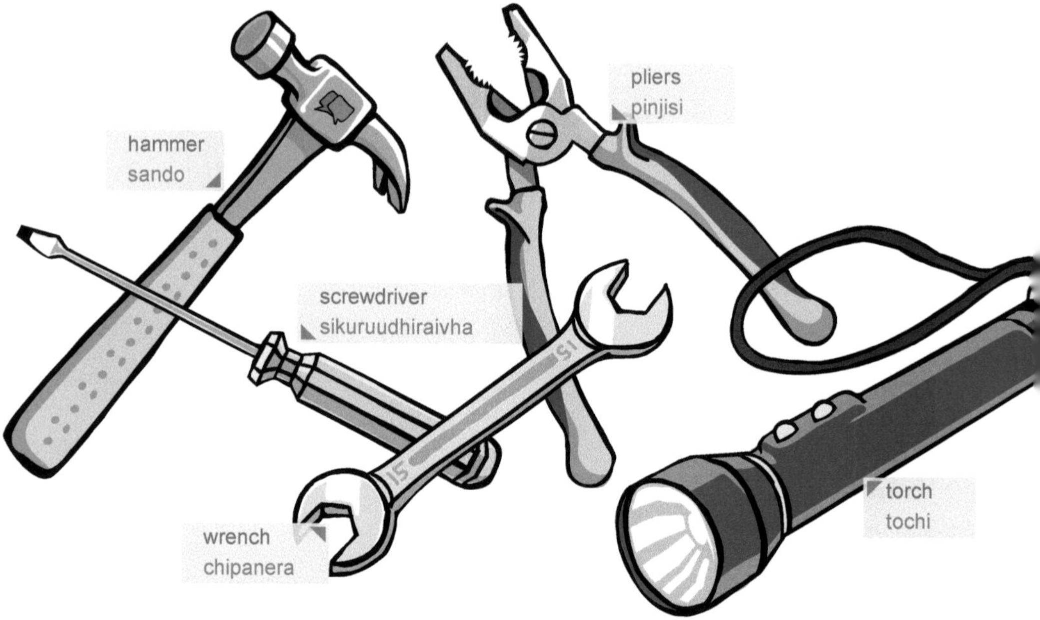

hammer
sando
pliers
pinjisi
screwdriver
sikuruudhiraivha
torch
tochi
wrench
chipanera

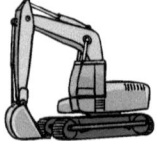

excavator
chikatapira

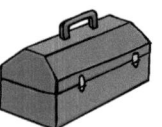

toolbox
bhokisi rematurusi

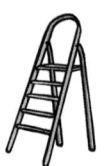

ladder
manera

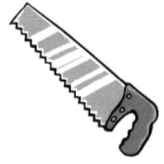

saw
saha

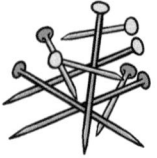

nails
zvipikiri

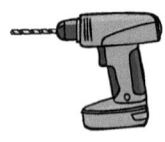

drill
chibooreso

repair

kugadzira

shovel

foshoro

Damn!

Nxa!

dustpan

chidyoreso

paint can

gaba rependi

screws

masikuruu

musical instruments
zviridzwa

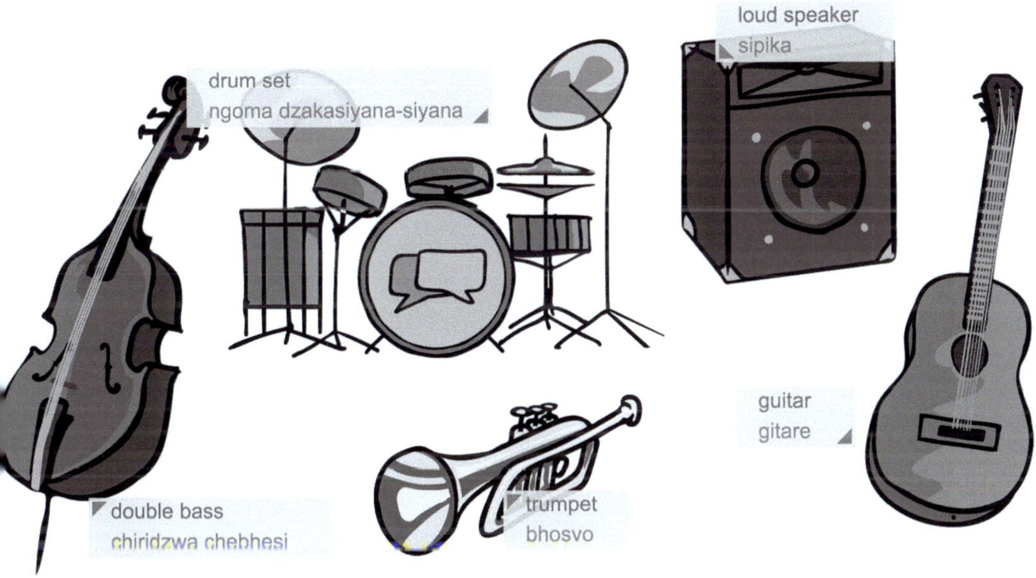

loud speaker
sipika

drum set
ngoma dzakasiyana-siyana

guitar
gitare

double bass
chiridzwa chebhesi

trumpet
bhosvo

piano

piyano

violin

violin

bass

gitare rebhesi

timpani

ngoma

drums

ngoma

keyboard

piyano yemagetsi

saxophone

saxophone

flute

nyere

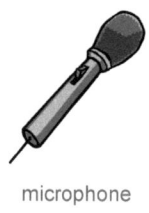

microphone

maikorofoni

zoo

munochengeteterwa mhuka

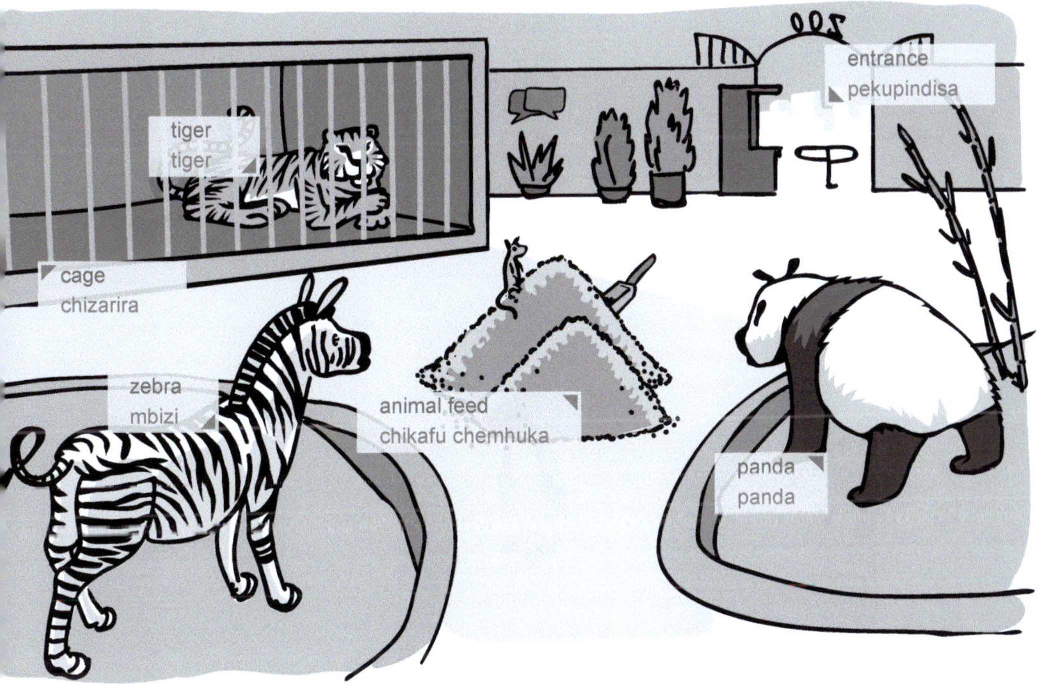

tiger
tiger
entrance
pekupindisa
cage
chizarira
zebra
mbizi
animal feed
chikafu chemhuka
panda
panda

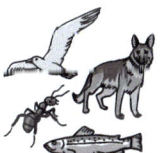

animals
mhuka

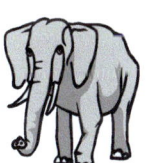

elephant
nzou

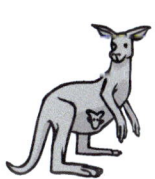

kangaroo
kangaruru

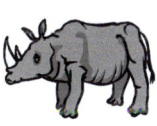

rhino
chipembere

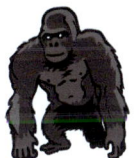

gorilla
gorilla

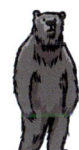

bear
bear

camel

ngamera

ostrich

mhou

lion

shumba

monkey

tsoko

flamingo

flamingo

parrot

parrot

polar bear

bear rekuchando

penguin

penguin

shark

shark

peacock

pikoko

snake

nyoka

crocodile

garwe

zookeeper

muchengeti wenzvimbo
yemhuka

seal

seal

jaguar

jaguar

zoo - munochengeterwa mhuka

pony

nyurusi

leopard

ingwe

hippo

mvuu

giraffe

twiza

eagle

gondo

boar

nguruve yemusango

fish

hove

turtle

kamba

walrus

walrus

fox

gava

gazelle

nhoro

American football
bhora rekuAmerica

cycling
kuchovha

tennis
tenisi

basketball
bhora rebhasiketi

swimming
kutuhwina

ice hockey
hockey yemuchando

boxing
tsiva

soccer

nhabvu

badminton

badminton

athletics

zvekumhanya

handball

bhora remaoko

skiing

kuita ski

polo

polo

activities
mabasa

laugh
kuseka
jump
kusvetuka
hug
kumbundira
walk
kufamba
sing
kuimba
dream
kurota
pray
kunyengetera
kiss
kutsvoda

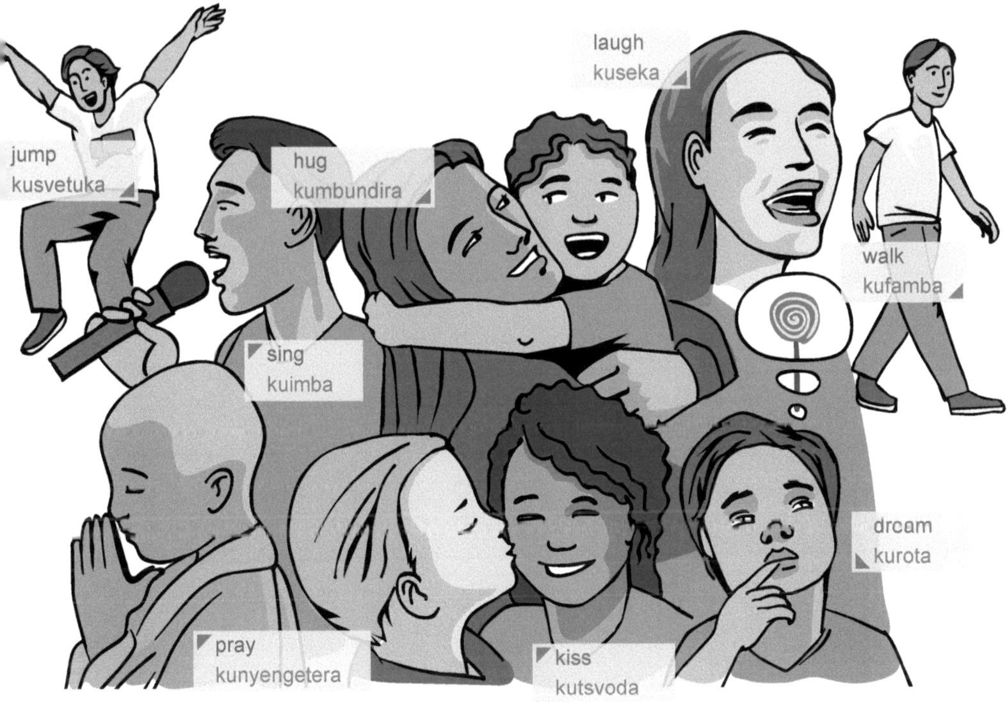

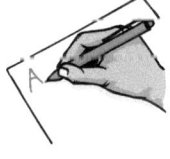

write
nyora

draw
kudhirowa

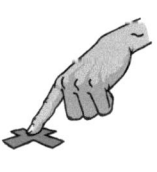

show
kuratidza

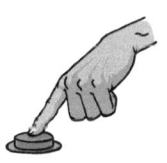

push
kusunda

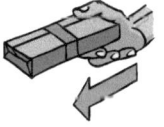

give
kupa

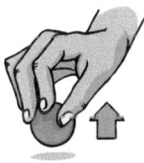

take
kutora

have

kuva ne

do

kuita

be

kuva

stand

kumira

run

kumhanya

pull

kudhonza

throw

kukanda

fall

kudonha

lie

kurara

wait

kumirira

carry

kutakura

sit

kugara

get dressed

kupfeka

sleep

kurara

wake up

kumuka

look at

kutarisa

cry

kuchema

stroke

kupuruzira

comb

kukama

talk

kutaura

understand

kunzwisisa

ask

kubvunza

listen

kuteerera

drink

kunwa

eat

kudya

tidy up

kuchenesa

love

kuda

cook

kubika

drive

kutyaira

fly

kubhururuka

sail

kufambiswa nemhepo

calculate

kakureta

read

kuverenga

learn

kudzidza

work

kushanda

marry

kuroora / kuroorwa

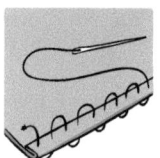

sew

kusona

brush teeth

kukwesha mazino

kill

kuuraya

smoke

kuputa

send

kutumira

family

mhuri

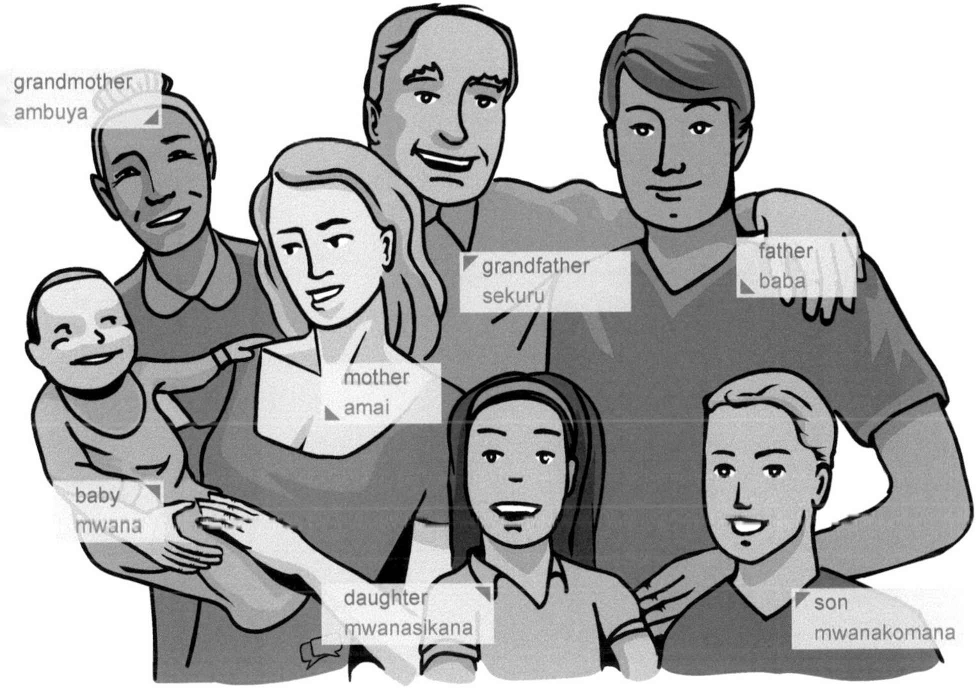
grandmother
ambuya
grandfather
sekuru
father
baba
mother
amai
baby
mwana
daughter
mwanasikana
son
mwanakomana

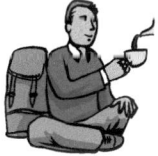

guest

muenzi

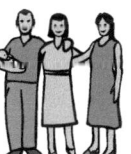

aunt

tete

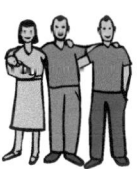

uncle

sekuru

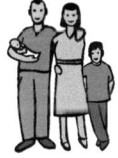

brother

hanzvadzikomana

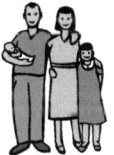

sister

hanzvadzisikana

body

muviri

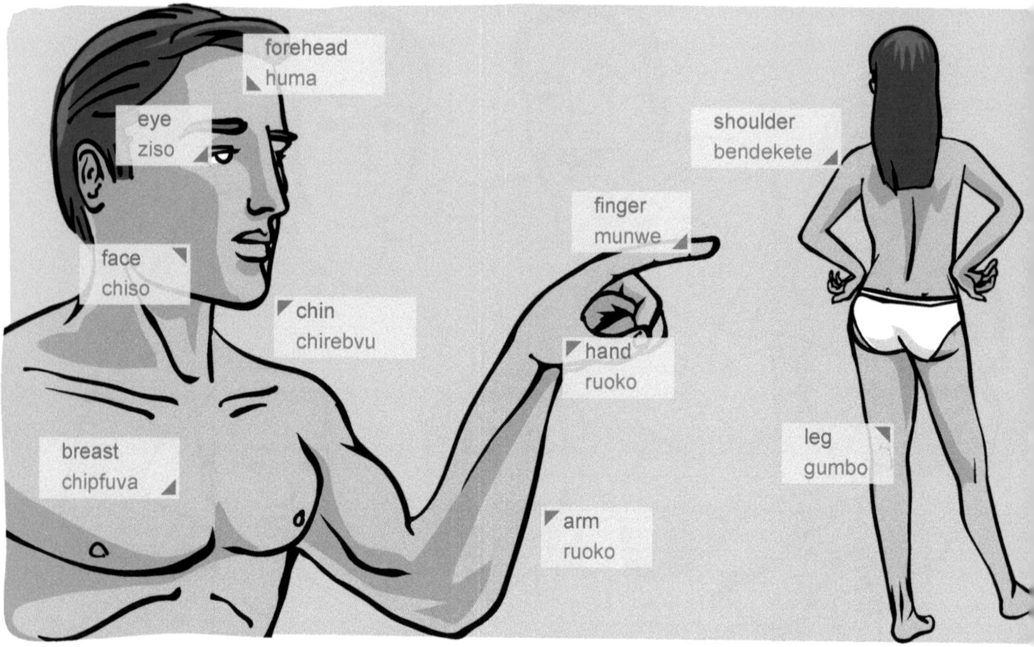

forehead
huma

eye
ziso

shoulder
bendekete

face
chiso

finger
munwe

chin
chirebvu

hand
ruoko

breast
chipfuva

leg
gumbo

arm
ruoko

baby

mwana

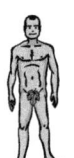

man

murume

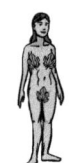

woman

mukadzi

girl

musikana

boy

mukomana

head

musoro

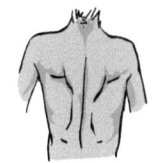

back
....
musana

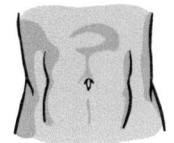

belly
....
dumbu

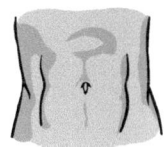

navel
....
guvhu

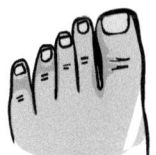

toe
....
chigunwe

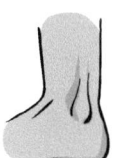

heel
....
chitsitsinho

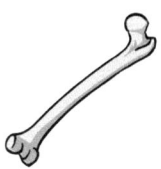

bone
....
bhonzo

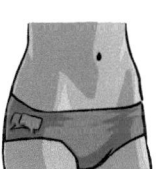

hip
....
hudyu

knee
....
ibvi

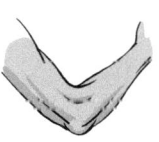

elbow
....
gokora

nose
....
mhino

buttocks
....
garo

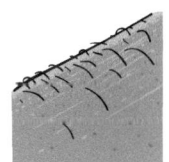

skin
....
ganda

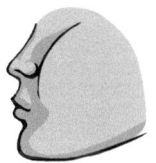

cheek
....
dama

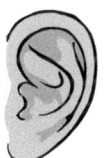

ear
....
nzeve

lip
....
muromo

mouth

mukanwa

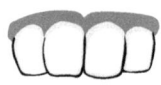

tooth

zino

tongue

rurimi

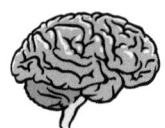

brain

uropi

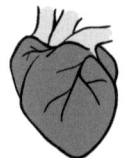

heart

mwoyo

muscle

tsandanyama

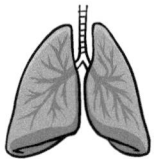

lung

bapu

liver

chitaka

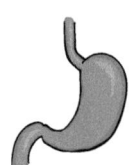

stomach

dumbu

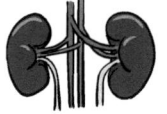

kidneys

itsvo

sex

kuita bonde

condom

kondomu

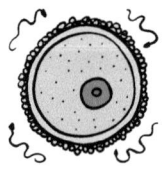

ovum

zai

semen

urume

pregnancy

nhumbu

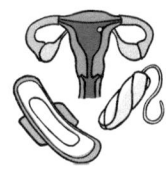

menstruation

kuenda kumwedzi

vagina

sikarudzi

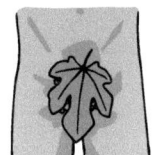

penis

mboro

eyebrow

tsiye

hair

bvudzi

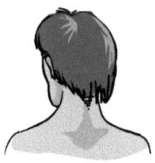

neck

mutsipa

hospital
chipatara

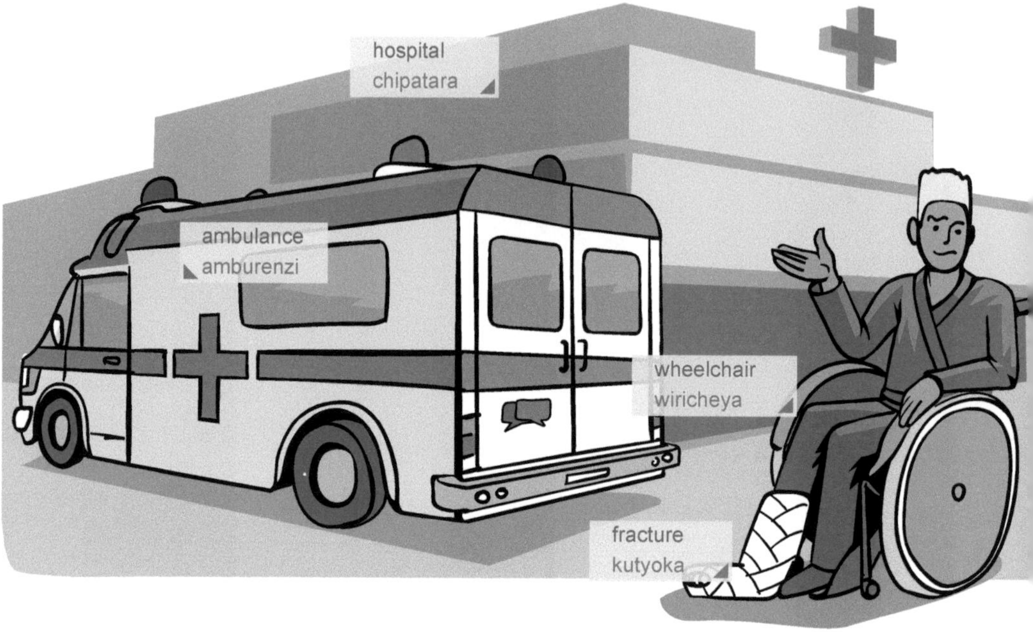

hospital
chipatara
ambulance
amburenzi
wheelchair
wiricheya
fracture
kutyoka

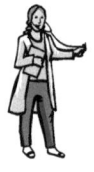

doctor

chiremba

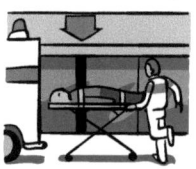

emergency room

imba yerubatsiro

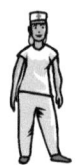

nurse

nesi

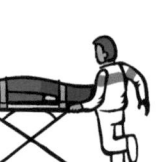

emergency

zvekukurumidza

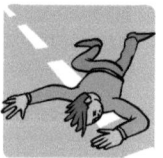

unconscious

kufenda

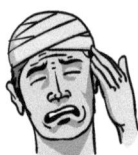

pain

rwadza

injury

kukuvara

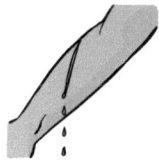

bleeding

kubuda ropa

heart attack

kuerekana mwoyo
usisashandi

stroke

kuoma rutivi

allergy

zvinorwarisa

cough

chikosoro

fever

fivha

flu

furuu

diarrhea

manyoka

headache

kutemwa nemusoro

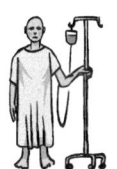

cancer

mhuka

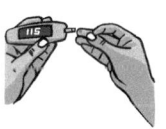

diabetes

chirwere cheshuga

surgeon

muvhiyi

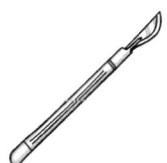

scalpel

kabanga keoparesheni

operation

oparesheni

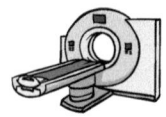

CT

CT

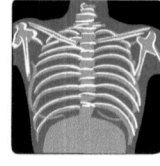

x-ray

x-ray

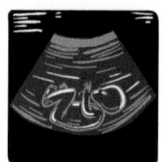

ultrasound

ultrasound

face mask

chekuvharisa mhino nemuromo

disease

chirwere

waiting room

mekumirira kurapiwa

crutch

chidhondoro

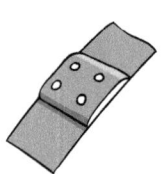

plaster

purasita

bandage

bhandiji

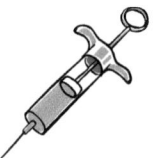

injection

jekiseni

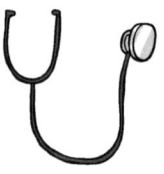

stethoscope

chekuteerera nacho mukati

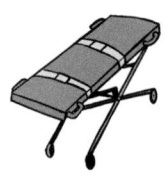

stretcher

kamubhedha kemurwere

clinical thermometer

chekutoresa nacho tembiricha

birth

kuzvara

overweight

kufuta

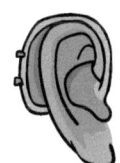

hearing aid

chekubatsira kunzwa

disinfectant

mushonga unouraya utachiona

infection

utachiona

virus

vhairasi

HIV / AIDS

HIV / AIDS

medicine

mushonga

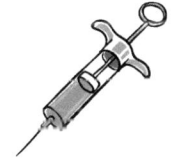

vaccination

kudzivirira zvirwere

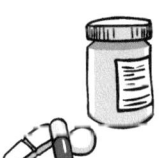

tablets

mapiritsi

pill

piritsi

emergency call

kufonera rubatsiro ipapo ipapo

blood pressure monitor

muchina wekuyeresa BP

ill / healthy

kurwara / kugwinya

Help!
Maiwe!

alarm
bhero

assault
kurwisa

attack
kurwisa

danger
ngozi

emergency exit
pekupuda napo zvechimbi-chimbi

Fire!
Moto!

fire extinguisher
chekudzimisa moto

accident
tsaona

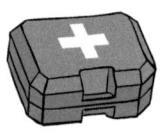

first-aid kit
zvinhu zvefirst aid

SOS
SOS

police
mapurisa

Europe

Europe

North America

Kuchamhembe kweAmerica

South America

Kumaodzanyemba
kweAmerica

Africa

Africa

Asia

Asia

Australia

Australia

Atlantic

Atlantic

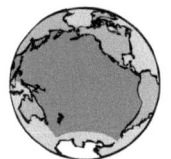

Pacific

Pacific

Indian Ocean

Nyanza yeIndia

Antarctic Ocean

Nyanza yeAntarctic

Arctic Ocean

Nyanza yeArctic

North pole

Kuchamhembe

South pole

Kumaodzanyemba

Antarctica

Antarctica

earth

Nyika

land

nyika

sea

gungwa

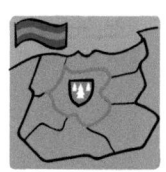

island

chitsuwa

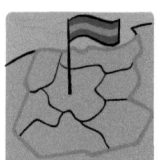

nation

nyika

state

nyika

clock face

wachi

hour hand

chinongedza awa

minute hand

chinongedza miniti

second hand

chinongedza masekondi

What time is it?

Inguvai?

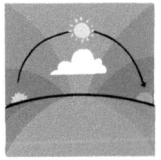

day

zuva

time

nguva

now

izvozvi

digital watch

wachi yemanhamba

minute

miniti

hour

awa

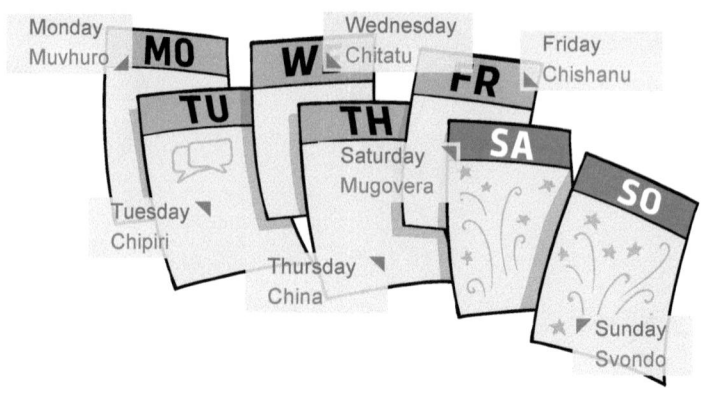

Monday — Muvhuro
Tuesday — Chipiri
Wednesday — Chitatu
Thursday — China
Friday — Chishanu
Saturday — Mugovera
Sunday — Svondo

yesterday

nezuro

today

nhasi

tomorrow

mangwana

morning

mangwanani

noon

masikati

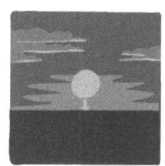

evening

manheru

workdays

mazuva ebasa

weekend

kupera kwevhiki

year

gore

rain
mvura
snow
chando
wind
mhepo
spring
chirimo
fall
matsutso
summer
zhizha
winter
chando

4.APRIL 11°
5.APRIL 4°
6.APRIL 13°
7.APRIL 8°
8.APRIL 10°

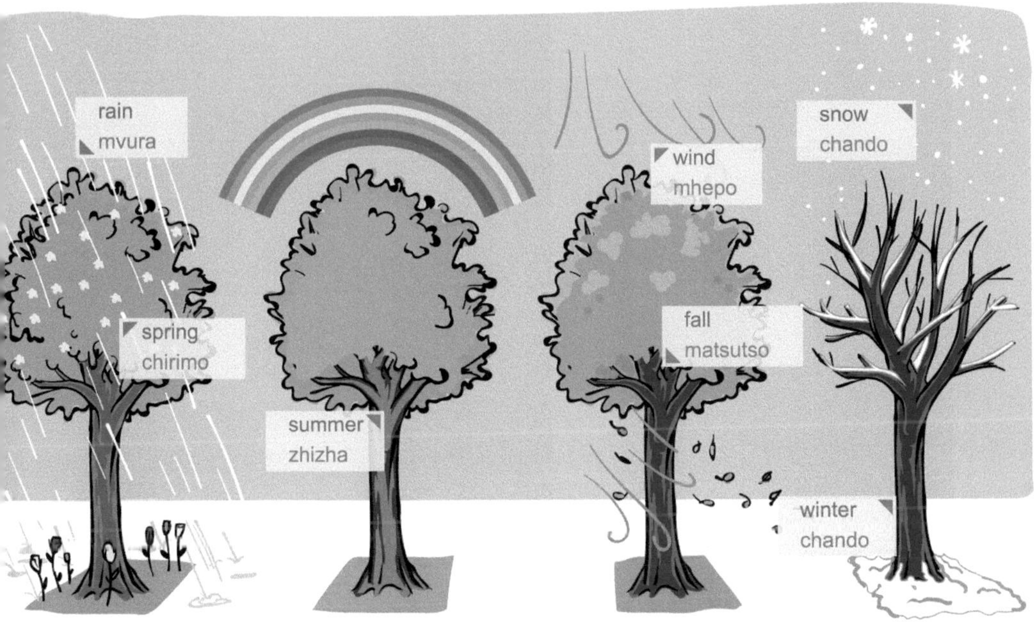

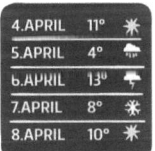

weather forecast

mamiriro ekunze anofungidzirwa

F C
120 40
90 30
60 20
30 10
0 0
-30 -10
-20

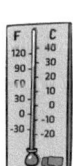

thermometer

chekutoresa tembiricha

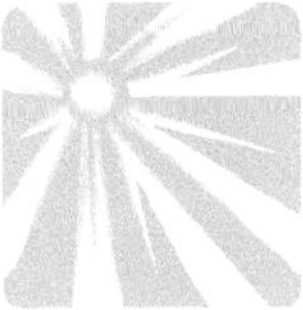

sunshine

zuva

cloud

makore

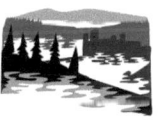

fog

mhute

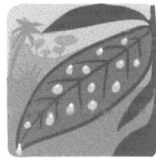

humidity

hunyoro

lightning

mheni

thunder

kutinhira

storm

dutu

hail

chivhuramabwe

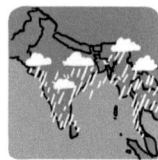

monsoon

mhepo ine mvura

flood

mafashamo

ice

mazaya echando

January

Ndira

February

Kukadzi

March

Kurume

April

Kubvumbi

May

Chivabvu

June

Chikumi

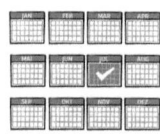

July

Chikunguru

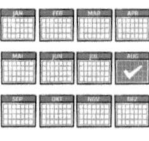

August

Nyamavhuvhu

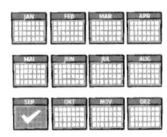

September
....
Gunyana

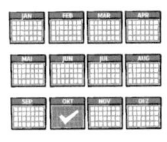

October
....
Gumiguru

November
....
Mbudzi

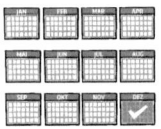

December
....
Zvita

shapes
mashepu

circle
....
denderedzwa

square
....
sikweya

rectangle
....
rectangle

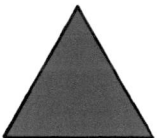

triangle
....
triangle

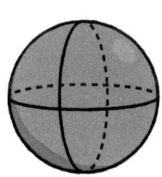

sphere
....
bhora

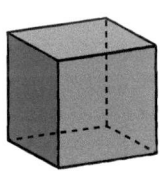

cube
....
bhokisi

colors

mavara

white
....
chena

yellow
....
yero

orange
....
orenji

pink
....
pingi

red
....
tsvuku

purple
....
pepuru

blue
....
bhuruu

green
....
girini

brown
....
kaki

gray
....
gireyi

black
....
nhema

colors - mavara

a lot / a little

zvakawanda / zvishoma

angry / calm

hasha / dzikama

beautiful / ugly

naka / shata

beginning / end

kutanga / kuguma

big / small

hombe / diki

bright / dark

jeka / rima

brother / sister

hanzvadzikomana /
hanzvadzisikana

clean / dirty

chena / sviba

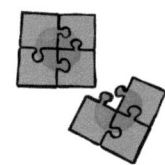

complete / incomplete

kwana / kusakwana

day / night

masikati / usiku

dead / alive

yakafa / mhenyu

wide / narrow

pamhamha / tetepa

edible / inedible

unodyiwa / haudyiwi

evil / kind

utsinye / mutsa

excited / bored

kunakidzwa / kufinhwa

fat / thin

kobvuka / tetepa

first / last

kutanga / kupedzisira

friend / enemy

shamwari / muvengi

full / empty

rakazara / hairina kuzara

hard / soft

oma / pfava

heavy / light

rema / reruka

hunger / thirst

nzara / nyota

ill / healthy

kurwara / kugwinya

illegal / legal

zvisiri pamutemo / zviri
pamutemo

intelligent / stupid

kungwara / kupusa

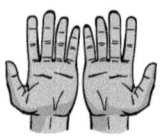

left / right

ruboshwe / rudyi

near / far

pedyo / kure

new / used
matsva / matsaru

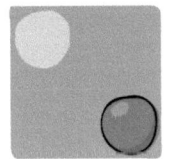

nothing / something
hapana / chiripo

old / young
kuru / duku

on / off
batidza/dzima

open / closed
vhurika / vharika

quiet / loud
nyarara / ruzha

rich / poor
mupfumi / murombo

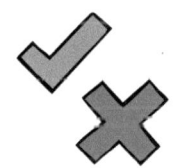

right / wrong
chakanaka / chakaipa

rough / smooth
kukasharara /
kutsvedzerera

sad / happy
kusuwa / kufara

short / long
pfupi / refu

slow / fast
nonoka / kurumidza

wet / dry
nyoro / oma

warm / cool
dzlya / tonhora

war / peace
hondo / ruqare

0

zero

zero

1

one

potsi

2

two

piri

3

three

tatu

4

four

ina

5

five

shanu

6

six

nhanhatu

7

seven

nomwe

8

eight

sere

9

nine

pfumbamwe

10

ten

gumi

11

eleven

gumi neimwe

12

twelve

gumi nembiri

13

thirteen

gumi netatu

14

fourteen

gumi neina

15

fifteen

gumi neshanu

16

sixteen

gumi nenhanhatu

17

seventeen

gumi nenomwe

18

eighteen

gumi nesere

19

nineteen

gumi nepfumbamwe

20

twenty

makumi maviri

100

hundred

zana

1.000

thousand

chiuru

1.000.000

million

miriyoni

English

Chirungu

American English

Chirungu chekuAmerica

Chinese Mandarin

Mandarin yekuChina

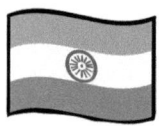

Hindi

ChiHindi

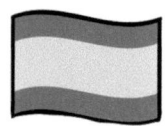

Spanish

ChiSpanish

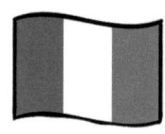

French

ChiFrench

Arabic

ChiArabic

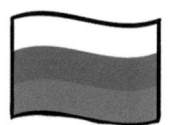

Russian

ChiRussian

Portuguese

ChiPortuguese

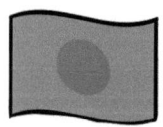

Bengali

ChiBengali

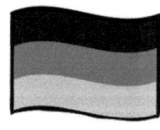

German

ChiGerman

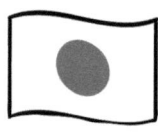

Japanese

ChiJapanese

I

ini

you

iwe / imi

he / she / it

iye

we

isu

you

imi

they

iyo

who?

ani?

what?

chii?

how?

sei?

where?

kupi?

when?

riini?

name

zita

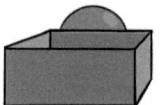

behind

seri

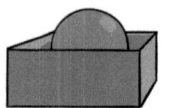

in

mukati

in front of

pamberi

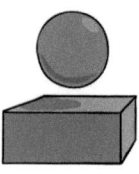

over

nepamusoro

on

pamusoro

under

pasi

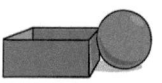

beside

divi

between

pakati

place

nzvimbo